Boxers

BrownTrout Publishers, Inc.

The Calendar Company

 BrownTrout.com

facebook.com/browntroutpublishers

@browntroutpub

USA–World Headquarters
BrownTrout Publishers, Inc.
201 Continental Blvd., Suite 200
El Segundo, CA 90245 USA
(1) 310 607 9010
Toll Free: 800 777 7812
Sales@BrownTrout.com

Canada
BrownTrout Publishers, Ltd.
55 Cork Street East, Suite 300
Guelph ON N1H 2W7, Canada
(1) 519 821 8882
Canada Toll Free: 1 888 254 5842
Sales@BrownTrout.ca

Mexico
Editorial SalmoTruti, SA de CV
Hegel 153 Int. 903, Colonia Polanco
Del. Miguel Hidalgo, 11560 Mexico D.F.
Mexico
(52-55) 5545 0492
Mexico Toll Free: 01 800 716 7420
Ventas@SalmoTruti.com.mx

United Kingdom
BrownTrout Publishers Ltd.
Redland Office Centre, 157 Redland Rd.
Bristol, BS6 6YE, United Kingdom
(44) 117 317 1880
UK Freephone: 0800 169 3718
Sales@BrownTroutUK.com

Australia and New Zealand
BrownTrout Publishers Pty. Ltd.
477 Lygon Street
Brunswick East VIC 3057, Australia
(61) 3 9384 7100
Australia Toll Free: 1 800 111 882
New Zealand Toll Free: 0 800 888 112
Sales@BrownTrout.com.au

BrownTrout
Earth Friendly

JANUARY 2014		FEBRUARY 2014		MARCH 2014		APRIL 2014	
1	WED	**1**	**SAT**	**1**	**SAT**	1	TUE
2	THU	**2**	**SUN**	**2**	**SUN**	2	WED
3	FRI	3	MON	3	MON	3	THU
4	**SAT**	4	TUE	4	TUE	4	FRI
5	**SUN**	5	WED	5	WED	**5**	**SAT**
6	MON	6	THU	6	THU	**6**	**SUN**
7	TUE	7	FRI	7	FRI	7	MON
8	WED	**8**	**SAT**	**8**	**SAT**	8	TUE
9	THU	**9**	**SUN**	**9**	**SUN**	9	WED
10	FRI	10	MON	10	MON	10	THU
11	**SAT**	11	TUE	11	TUE	11	FRI
12	**SUN**	12	WED	12	WED	**12**	**SAT**
13	MON	13	THU	13	THU	**13**	**SUN**
14	TUE	14	FRI	14	FRI	14	MON
15	WED	**15**	**SAT**	**15**	**SAT**	15	TUE
16	THU	**16**	**SUN**	**16**	**SUN**	16	WED
17	FRI	17	MON	17	MON	17	THU
18	**SAT**	18	TUE	18	TUE	18	FRI
19	**SUN**	19	WED	19	WED	**19**	**SAT**
20	MON	20	THU	20	THU	**20**	**SUN**
21	TUE	21	FRI	21	FRI	21	MON
22	WED	**22**	**SAT**	**22**	**SAT**	22	TUE
23	THU	**23**	**SUN**	**23**	**SUN**	23	WED
24	FRI	24	MON	24	MON	24	THU
25	**SAT**	25	TUE	25	TUE	25	FRI
26	**SUN**	26	WED	26	WED	**26**	**SAT**
27	MON	27	THU	27	THU	**27**	**SUN**
28	TUE	28	FRI	28	FRI	28	MON
29	WED			**29**	**SAT**	29	TUE
30	THU			**30**	**SUN**	30	WED
31	FRI			31	MON		

MAY 2014		JUNE 2014		JULY 2014		AUGUST 2014	
1	THU	**1**	**SUN**	1	TUE	1	FRI
2	FRI	2	MON	2	WED	**2**	**SAT**
3	**SAT**	3	TUE	3	THU	**3**	**SUN**
4	**SUN**	4	WED	4	FRI	4	MON
5	MON	5	THU	**5**	**SAT**	5	TUE
6	TUE	6	FRI	**6**	**SUN**	6	WED
7	WED	**7**	**SAT**	7	MON	7	THU
8	THU	**8**	**SUN**	8	TUE	8	FRI
9	FRI	9	MON	9	WED	**9**	**SAT**
10	**SAT**	10	TUE	10	THU	**10**	**SUN**
11	**SUN**	11	WED	11	FRI	11	MON
12	MON	12	THU	**12**	**SAT**	12	TUE
13	TUE	13	FRI	**13**	**SUN**	13	WED
14	WED	**14**	**SAT**	14	MON	14	THU
15	THU	**15**	**SUN**	15	TUE	15	FRI
16	FRI	16	MON	16	WED	**16**	**SAT**
17	**SAT**	17	TUE	17	THU	**17**	**SUN**
18	**SUN**	18	WED	18	FRI	18	MON
19	MON	19	THU	**19**	**SAT**	19	TUE
20	TUE	20	FRI	**20**	**SUN**	20	WED
21	WED	**21**	**SAT**	21	MON	21	THU
22	THU	**22**	**SUN**	22	TUE	22	FRI
23	FRI	23	MON	23	WED	**23**	**SAT**
24	**SAT**	24	TUE	24	THU	**24**	**SUN**
25	**SUN**	25	WED	25	FRI	25	MON
26	MON	26	THU	**26**	**SAT**	26	TUE
27	TUE	27	FRI	**27**	**SUN**	27	WED
28	WED	**28**	**SAT**	28	MON	28	THU
29	THU	**29**	**SUN**	29	TUE	29	FRI
30	FRI	30	MON	30	WED	**30**	**SAT**
31	**SAT**			31	THU	**31**	**SUN**

SEPTEMBER 2014		OCTOBER 2014		NOVEMBER 2014		DECEMBER 2014	
1	MON	1	WED	**1**	**SAT**	1	MON
2	TUE	2	THU	**2**	**SUN**	2	TUE
3	WED	3	FRI	3	MON	3	WED
4	THU	**4**	**SAT**	4	TUE	4	THU
5	FRI	**5**	**SUN**	5	WED	5	FRI
6	**SAT**	6	MON	6	THU	**6**	**SAT**
7	**SUN**	7	TUE	7	FRI	**7**	**SUN**
8	MON	8	WED	**8**	**SAT**	8	MON
9	TUE	9	THU	**9**	**SUN**	9	TUE
10	WED	10	FRI	10	MON	10	WED
11	THU	**11**	**SAT**	11	TUE	11	THU
12	FRI	**12**	**SUN**	12	WED	12	FRI
13	**SAT**	13	MON	13	THU	**13**	**SAT**
14	**SUN**	14	TUE	14	FRI	**14**	**SUN**
15	MON	15	WED	**15**	**SAT**	15	MON
16	TUE	16	THU	**16**	**SUN**	16	TUE
17	WED	17	FRI	17	MON	17	WED
18	THU	**18**	**SAT**	18	TUE	18	THU
19	FRI	**19**	**SUN**	19	WED	19	FRI
20	**SAT**	20	MON	20	THU	**20**	**SAT**
21	**SUN**	21	TUE	21	FRI	**21**	**SUN**
22	MON	22	WED	**22**	**SAT**	22	MON
23	TUE	23	THU	**23**	**SUN**	23	TUE
24	WED	24	FRI	24	MON	24	WED
25	THU	**25**	**SAT**	25	TUE	25	THU
26	FRI	**26**	**SUN**	26	WED	26	FRI
27	**SAT**	27	MON	27	THU	**27**	**SAT**
28	**SUN**	28	TUE	28	FRI	**28**	**SUN**
29	MON	29	WED	**29**	**SAT**	29	MON
30	TUE	30	THU	**30**	**SUN**	30	TUE
		31	FRI			31	WED

29
SUNDAY
dim | dom

....

30
MONDAY
lun | lun

....

31
TUESDAY
mar | mar

New Year's Eve

JANUARY 2014 JANVIER | ENERO

New Moon ● 11:14 U.T.

1
WEDNESDAY
mer | miér

New Year's Day
....

2
THURSDAY
jeu | jue

Day after New Year's Day (NZ; SCT)
....

3
FRIDAY
ven | vier

....

4
SATURDAY
sam | sáb

....

WEEK 1

DECEMBER 2013						
1	2	3	4	5	6	7
8	9	10	11	12	13	14
15	16	17	18	19	20	21
22	23	24	25	26	27	28
29	30	31				

JANUARY 2014						
		1	2	3	4	
5	6	7	8	9	10	11
12	13	14	15	16	17	18
19	20	21	22	23	24	25
26	27	28	29	30	31	

FEBRUARY 2014						
						1
2	3	4	5	6	7	8
9	10	11	12	13	14	15
16	17	18	19	20	21	22
23	24	25	26	27	28	

DECEMBER 2013	**JANUARY** 2014	**FEBRUARY** 2014
1 2 3 4 5 6 7	1 2 3 4	1
8 9 10 11 12 13 14	5 6 7 8 9 10 11	2 3 4 5 6 7 8
15 16 17 18 19 20 21	12 13 14 15 16 17 18	9 10 11 12 13 14 15
22 23 24 25 26 27 28	19 20 21 22 23 24 25	16 17 18 19 20 21 22
29 30 31	26 27 28 29 30 31	23 24 25 26 27 28

5
SUNDAY
dim | dom

6
MONDAY
lun | lun

Epiphany

7
TUESDAY
mar | mar

First Quarter ◑ 3:39 U.T.

8
WEDNESDAY
mer | miér

9
THURSDAY
jeu | jue

10
FRIDAY
ven | vier

11
SATURDAY
sam | sáb

12
SUNDAY
dim | dom

....

13
MONDAY
lun | lun

....

14
TUESDAY
mar | mar

....

15
WEDNESDAY
mer | miér

....

Full Moon ◯ 4:52 U.T.

16
THURSDAY
jeu | jue

....

17
FRIDAY
ven | vier

....

18
SATURDAY
sam | sáb

....

©2013 Dwight Dyke

DECEMBER 2013	**JANUARY** 2014	**FEBRUARY** 2014
1 2 3 4 5 6 7	1 2 3 4	1
8 9 10 11 12 13 14	5 6 7 8 9 10 11	2 3 4 5 6 7 8
15 16 17 18 19 20 21	12 13 14 15 16 17 18	9 10 11 12 13 14 15
22 23 24 25 26 27 28	19 20 21 22 23 24 25	16 17 18 19 20 21 22
29 30 31	26 27 28 29 30 31	23 24 25 26 27 28

DECEMBER 2013	JANUARY 2014	FEBRUARY 2014
1 2 3 4 5 6 7	1 2 3 4	1
8 9 10 11 12 13 14	5 6 7 8 9 10 11	2 3 4 5 6 7 8
15 16 17 18 19 20 21	12 13 14 15 16 17 18	9 10 11 12 13 14 15
22 23 24 25 26 27 28	19 20 21 22 23 24 25	16 17 18 19 20 21 22
29 30 31	26 27 28 29 30 31	23 24 25 26 27 28

19
SUNDAY
dim | dom

20
MONDAY
lun | lun

Martin Luther King, Jr. Day (US)

21
TUESDAY
mar | mar

22
WEDNESDAY
mer | miér

23
THURSDAY
jeu | jue

Last Quarter 5:20 U.T.

24
FRIDAY
ven | vier

25
SATURDAY
sam | sáb

Burns Night (SCT)

JANUARY 2014 JANVIER | ENERO

26
SUNDAY
dim | dom

.... Australia Day (AU)

27
MONDAY
lun | lun

International Holocaust
Remembrance Day (UN)
.... Australia Day observed (AU)

28
TUESDAY
mar | mar

....

29
WEDNESDAY
mer | miér

....

New Moon ● 21:38 U.T.
30
THURSDAY
jeu | jue

....

31
FRIDAY
ven | vier

Chinese New Year (Horse)

FEBRUARY 2014 FÉVRIER | FEBRERO

1
SATURDAY
sam | sáb

....

JANUARY 2014						
			1	2	3	4
5	6	7	8	9	10	11
12	13	14	15	16	17	18
19	20	21	22	23	24	25
26	27	28	29	30	31	

FEBRUARY 2014						
						1
2	3	4	5	6	7	8
9	10	11	12	13	14	15
16	17	18	19	20	21	22
23	24	25	26	27	28	

MARCH 2014						
						1
2	3	4	5	6	7	8
9	10	11	12	13	14	15
16	17	18	19	20	21	22
23	24	25	26	27	28	29
30	31					

JANUARY 2014

				1	2	3	4
5	6	7	8	9	10	11
12	13	14	15	16	17	18
19	20	21	22	23	24	25
26	27	28	29	30	31

FEBRUARY 2014

						1
2	3	4	5	6	7	8
9	10	11	12	13	14	15
16	17	18	19	20	21	22
23	24	25	26	27	28

MARCH 2014

						1
2	3	4	5	6	7	8
9	10	11	12	13	14	15
16	17	18	19	20	21	22
23	24	25	26	27	28	29
30	31

2
SUNDAY
dim | dom

Groundhog Day

3
MONDAY
lun | lun

4
TUESDAY
mar | mar

5
WEDNESDAY
mer | miér

Día de la Constitución (MX)

First Quarter ◐ 19:22 U.T.

6
THURSDAY
jeu | jue

Waitangi Day (NZ)

7
FRIDAY
ven | vier

8
SATURDAY
sam | sáb

9
SUNDAY
dim | dom

· ·

10
MONDAY
lun | lun

Family Day (BC-CAN)

· ·

11
TUESDAY
mar | mar

· ·

12
WEDNESDAY
mer | miér

Lincoln's Birthday (US)

· ·

13
THURSDAY
jeu | jue

· ·

Full Moon ◯ 23:53 U.T

14
FRIDAY
ven | vier

Valentine's Day

· ·

15
SATURDAY
sam | sáb

· ·

JANUARY 2014								FEBRUARY 2014								MARCH 2014					
		1	2	3	4									1							1
5	6	7	8	9	10	11		2	3	4	5	6	7	8		2	3	4	5	6	7	8
12	13	14	15	16	17	18		9	10	11	12	13	14	15		9	10	11	12	13	14	15
19	20	21	22	23	24	25		16	17	18	19	20	21	22		16	17	18	19	20	21	22
26	27	28	29	30	31			23	24	25	26	27	28			23	24	25	26	27	28	29
																30	31					

JANUARY 2014

				1	2	3	4
5	6	7	8	9	10	11
12	13	14	15	16	17	18
19	20	21	22	23	24	25
26	27	28	29	30	31

FEBRUARY 2014

						1
2	3	4	5	6	7	8
9	10	11	12	13	14	15
16	17	18	19	20	21	22
23	24	25	26	27	28

MARCH 2014

						1
2	3	4	5	6	7	8
9	10	11	12	13	14	15
16	17	18	19	20	21	22
23	24	25	26	27	28	29
30	31

16
SUNDAY
dim | dom

17
MONDAY
lun | lun

Presidents' Day (US)
Family Day (AB/ON/SK–CAN)
Louis Riel Day (MB–CAN)

18
TUESDAY
mar | mar

19
WEDNESDAY
mer | miér

20
THURSDAY
jeu | jue

21
FRIDAY
ven | vier

Last Quarter ◑ 17:15 U.T.

22
SATURDAY
sam | sáb

Washington's Birthday (US)

23
SUNDAY
dim | dom

....

24
MONDAY
lun | lun

Día de la Bandera (MX)
....

25
TUESDAY
mar | mar

....

26
WEDNESDAY
mer | miér

....

27
THURSDAY
jeu | jue

....

28
FRIDAY
ven | vier

MARCH 2014 MARS | MARZO

New Moon ● 8:00 U.T.

1
SATURDAY
sam | sáb

St. David's Day (WAL)
....

FEBRUARY 2014						
						1
2	3	4	5	6	7	8
9	10	11	12	13	14	15
16	17	18	19	20	21	22
23	24	25	26	27	28	

MARCH 2014						
						1
2	3	4	5	6	7	8
9	10	11	12	13	14	15
16	17	18	19	20	21	22
23	24	25	26	27	28	29
30	31					

APRIL 2014						
		1	2	3	4	5
6	7	8	9	10	11	12
13	14	15	16	17	18	19
20	21	22	23	24	25	26
27	28	29	30			

FEBRUARY 2014							MARCH 2014							APRIL 2014					
						1							1			1	2	3	4	5
2	3	4	5	6	7	8	2	3	4	5	6	7	8	6	7	8	9	10	11	12
9	10	11	12	13	14	15	9	10	11	12	13	14	15	13	14	15	16	17	18	19
16	17	18	19	20	21	22	16	17	18	19	20	21	22	20	21	22	23	24	25	26
23	24	25	26	27	28		23	24	25	26	27	28	29	27	28	29	30			
							30	31												

2
SUNDAY
dim | dom

3
MONDAY
lun | lun

Labour Day (WA-AU)
Great Lent begins (Orthodox)

4
TUESDAY
mar | mar

Shrove Tuesday
Mardi Gras

5
WEDNESDAY
mer | miér

Ash Wednesday

6
THURSDAY
jeu | jue

7
FRIDAY
ven | vier

First Quarter ◐ 13:27 U.T.

8
SATURDAY
sam | sáb

International Women's Day

9
SUNDAY
dim | dom

Daylight Saving Time begins (US; CAN)

....

10
MONDAY
lun | lun

Canberra Day (ACT-AU)
Labour Day (VIC-AU)
Eight Hours Day (TAS-AU)
Adelaide Cup (SA-AU)
Commonwealth Day

....

11
TUESDAY
mar | mar

....

12
WEDNESDAY
mer | miér

....

13
THURSDAY
jeu | jue

....

14
FRIDAY
ven | vier

....

15
SATURDAY
sam | sáb

Purim begins at sundown

....

FEBRUARY 2014							MARCH 2014							APRIL 2014					
						1							1		1	2	3	4	5
2	3	4	5	6	7	8	2	3	4	5	6	7	8	6	7	8	9	10	11	12
9	10	11	12	13	14	15	9	10	11	12	13	14	15	13	14	15	16	17	18	19
16	17	18	19	20	21	22	16	17	18	19	20	21	22	20	21	22	23	24	25	26
23	24	25	26	27	28		23	24	25	26	27	28	29	27	28	29	30			
							30	31												

©2013 Dwight Dyke

FEBRUARY 2014	MARCH 2014	APRIL 2014

©2013 Dwight Dyke

FEBRUARY 2014

```
                  1
 2  3  4  5  6  7  8
 9 10 11 12 13 14 15
16 17 18 19 20 21 22
23 24 25 26 27 28
```

MARCH 2014

```
                  1
 2  3  4  5  6  7  8
 9 10 11 12 13 14 15
16 17 18 19 20 21 22
23 24 25 26 27 28 29
30 31
```

APRIL 2014

```
       1  2  3  4  5
 6  7  8  9 10 11 12
13 14 15 16 17 18 19
20 21 22 23 24 25 26
27 28 29 30
```

Full Moon ◯ 17:08 U.T.

16
SUNDAY
dim | dom

17
MONDAY
lun | lun

St. Patrick's Day

18
TUESDAY
mar | mar

19
WEDNESDAY
mer | miér

Spring begins

20
THURSDAY
jeu | jue

21
FRIDAY
ven | vier

Natalicio de Benito Juárez (MX)

22
SATURDAY
sam | sáb

23
SUNDAY
dim | dom

Last Quarter ◑ 1:46 U.T.

24
MONDAY
lun | lun

25
TUESDAY
mar | mar

26
WEDNESDAY
mer | miér

27
THURSDAY
jeu | jue

28
FRIDAY
ven | vier

29
SATURDAY
sam | sáb

FEBRUARY 2014								MARCH 2014								APRIL 2014					
						1								1			1	2	3	4	5
2	3	4	5	6	7	8		2	3	4	5	6	7	8		6	7	8	9	10	11	12
9	10	11	12	13	14	15		9	10	11	12	13	14	15		13	14	15	16	17	18	19
16	17	18	19	20	21	22		16	17	18	19	20	21	22		20	21	22	23	24	25	26
23	24	25	26	27	28			23	24	25	26	27	28	29		27	28	29	30			
								30	31												

MARCH 2014							APRIL 2014							MAY 2014					
						1		1	2	3	4	5					1	2	3
2	3	4	5	6	7	8	6	7	8	9	10	11	12	4	5	6	7	8	9	10
9	10	11	12	13	14	15	13	14	15	16	17	18	19	11	12	13	14	15	16	17
16	17	18	19	20	21	22	20	21	22	23	24	25	26	18	19	20	21	22	23	24
23	24	25	26	27	28	29	27	28	29	30				25	26	27	28	29	30	31
30	31																			

New Moon ● 18:45 U.T.

30
SUNDAY
dim | dom

Mothering Sunday (UK)
European Summer Time begins

31
MONDAY
lun | lun

1
TUESDAY
mar | mar

April Fools' Day

2
WEDNESDAY
mer | miér

3
THURSDAY
jeu | jue

4
FRIDAY
ven | vier

5
SATURDAY
sam | sáb

6
SUNDAY
dim | dom

Daylight Saving Time ends (AU; NZ)

First Quarter ☽ 8:31 U.T.

7
MONDAY
lun | lun

8
TUESDAY
mar | mar

9
WEDNESDAY
mer | miér

10
THURSDAY
jeu | jue

11
FRIDAY
ven | vier

12
SATURDAY
sam | sáb

MARCH 2014						
						1
2	3	4	5	6	7	8
9	10	11	12	13	14	15
16	17	18	19	20	21	22
23	24	25	26	27	28	29
30	31					

APRIL 2014						
		1	2	3	4	5
6	7	8	9	10	11	12
13	14	15	16	17	18	19
20	21	22	23	24	25	26
27	28	29	30			

MAY 2014						
				1	2	3
4	5	6	7	8	9	10
11	12	13	14	15	16	17
18	19	20	21	22	23	24
25	26	27	28	29	30	31

©2013 Sharon Eide & Elizabeth Flynr

MARCH 2014

						1
2	3	4	5	6	7	8
9	10	11	12	13	14	15
16	17	18	19	20	21	22
23	24	25	26	27	28	29
30	31					

APRIL 2014

		1	2	3	4	5
6	7	8	9	10	11	12
13	14	15	16	17	18	19
20	21	22	23	24	25	26
27	28	29	30			

MAY 2014

				1	2	3
4	5	6	7	8	9	10
11	12	13	14	15	16	17
18	19	20	21	22	23	24
25	26	27	28	29	30	31

13
SUNDAY
dim | dom

Palm Sunday

14
MONDAY
lun | lun

Passover begins at sundown

Full Moon ◯ 7:42 U.T.

15
TUESDAY
mar | mar

16
WEDNESDAY
mer | miér

17
THURSDAY
jeu | jue

Maundy Thursday

18
FRIDAY
ven | vier

Good Friday
Bank Holiday (UK)

19
SATURDAY
sam | sáb

Holy Saturday

20
SUNDAY
dim | dom

Easter Sunday
Pascha (Orthodox)

21
MONDAY
lun | lun

Easter Monday
Bank Holiday (UK except SCT; IRL)
Birthday of Queen Elizabeth II

Last Quarter ◑ 7:52 U.T.

22
TUESDAY
mar | mar

Earth Day

23
WEDNESDAY
mer | miér

Administrative Professionals Day
St. George's Day (ENG)

24
THURSDAY
jeu | jue

25
FRIDAY
ven | vier

ANZAC Day (AU; NZ)
Arbor Day (US)

26
SATURDAY
sam | sáb

MARCH 2014								APRIL 2014								MAY 2014						
						1			1	2	3	4	5							1	2	3
2	3	4	5	6	7	8		6	7	8	9	10	11	12		4	5	6	7	8	9	10
9	10	11	12	13	14	15		13	14	15	16	17	18	19		11	12	13	14	15	16	17
16	17	18	19	20	21	22		20	21	22	23	24	25	26		18	19	20	21	22	23	24
23	24	25	26	27	28	29		27	28	29	30					25	26	27	28	29	30	31
30	31																					

APRIL 2014

			1	2	3	4	5
6	7	8	9	10	11	12
13	14	15	16	17	18	19
20	21	22	23	24	25	26
27	28	29	30

MAY 2014

				1	2	3
4	5	6	7	8	9	10
11	12	13	14	15	16	17
18	19	20	21	22	23	24
25	26	27	28	29	30	31

JUNE 2014

1	2	3	4	5	6	7
8	9	10	11	12	13	14
15	16	17	18	19	20	21
22	23	24	25	26	27	28
29	30

27
SUNDAY
dim | dom

Yom Hashoah begins at sundown

28
MONDAY
lun | lun

New Moon ● 6:14 U.T.

29
TUESDAY
mar | mar

30
WEDNESDAY
mer | miér

Día del Niño (MX)
Koninginnedag (NL)

MAI | MAYO **MAY 2014**

May Day
International Workers' Day
Labor Day (MX)
Dag van de Arbeid (BE; NL)
National Day of Prayer (US)

1
THURSDAY
jeu | jue

2
FRIDAY
ven | vier

3
SATURDAY
sam | sáb

MAY 2014 MAI | MAYO

4
SUNDAY
dim | dom

National Pet Week (US)
Dodenherdenking (NL)

5
MONDAY
lun | lun

Cinco de Mayo
Batalla de Puebla (MX)
May Day (NT-AU)
Bank Holiday (UK; IRL)

6
TUESDAY
mar | mar

First Quarter ◑ 3:15 U.T.

7
WEDNESDAY
mer | miér

8
THURSDAY
jeu | jue

Fête de la Victoire (FR)

9
FRIDAY
ven | vier

10
SATURDAY
sam | sáb

Día de las Madres (MX)

©2013 Sharon Eide & Elizabeth Flynn

APRIL 2014

					1	2	3	4	5
6	7	8	9	10	11	12
13	14	15	16	17	18	19
20	21	22	23	24	25	26
27	28	29	30

MAY 2014

				1	2	3
4	5	6	7	8	9	10
11	12	13	14	15	16	17
18	19	20	21	22	23	24
25	26	27	28	29	30	31

JUNE 2014

1	2	3	4	5	6	7
8	9	10	11	12	13	14
15	16	17	18	19	20	21
22	23	24	25	26	27	28
29	30

APRIL 2014							MAY 2014							JUNE 2014						
		1	2	3	4	5					1	2	3	1	2	3	4	5	6	7
6	7	8	9	10	11	12	4	5	6	7	8	9	10	8	9	10	11	12	13	14
13	14	15	16	17	18	19	11	12	13	14	15	16	17	15	16	17	18	19	20	21
20	21	22	23	24	25	26	18	19	20	21	22	23	24	22	23	24	25	26	27	28
27	28	29	30				25	26	27	28	29	30	31	29	30					

11
SUNDAY
dim | dom

Mother's Day (US; AU; BE; CAN; NL; NZ)

12
MONDAY
lun | lun

13
TUESDAY
mar | mar

Full Moon ◯ 19:16 U.T.

14
WEDNESDAY
mer | miér

15
THURSDAY
jeu | jue

Día del Maestro (MX)

16
FRIDAY
ven | vier

17
SATURDAY
sam | sáb

Armed Forces Day (US)

18
SUNDAY
dim | dom

....

19
MONDAY
lun | lun

Victoria Day (CAN)

Journée nationale des patriotes/
National Patriots' Day (QC-CAN)

....

20
TUESDAY
mar | mar

....

Last Quarter ◑ 12:59 U.T.

21
WEDNESDAY
mer | miér

....

22
THURSDAY
jeu | jue

....

23
FRIDAY
ven | vier

....

24
SATURDAY
sam | sáb

....

APRIL 2014						
	1	2	3	4	5	
6	7	8	9	10	11	12
13	14	15	16	17	18	19
20	21	22	23	24	25	26
27	28	29	30			

MAY 2014						
				1	2	3
4	5	6	7	8	9	10
11	12	13	14	15	16	17
18	19	20	21	22	23	24
25	26	27	28	29	30	31

JUNE 2014						
1	2	3	4	5	6	7
8	9	10	11	12	13	14
15	16	17	18	19	20	21
22	23	24	25	26	27	28
29	30					

APRIL 2014

		1	2	3	4	5
6	7	8	9	10	11	12
13	14	15	16	17	18	19
20	21	22	23	24	25	26
27	28	29	30			

MAY 2014

				1	2	3
4	5	6	7	8	9	10
11	12	13	14	15	16	17
18	19	20	21	22	23	24
25	26	27	28	29	30	31

JUNE 2014

1	2	3	4	5	6	7
8	9	10	11	12	13	14
15	16	17	18	19	20	21
22	23	24	25	26	27	28
29	30					

25
SUNDAY
dim | dom

Fête des Mères (FR)

26
MONDAY
lun | lun

Memorial Day (US)
Spring Bank Holiday (UK)

27
TUESDAY
mar | mar

New Moon ● 18:40 U.T.

28
WEDNESDAY
mer | miér

29
THURSDAY
jeu | jue

Ascension

30
FRIDAY
ven | vier

31
SATURDAY
sam | sáb

JUNE 2014

1
SUNDAY
dim | dom

....

2
MONDAY
lun | lun

Western Australia Day (WA-AU)
Public Holiday (IRL)
Queen's Birthday (NZ)

....

3
TUESDAY
mar | mar

....

4
WEDNESDAY
mer | miér

First Quarter ◑ 20:39 U.T.

5
THURSDAY
jeu | jue

....

6
FRIDAY
ven | vier

....

7
SATURDAY
sam | sáb

....

MAY 2014						
				1	2	3
4	5	6	7	8	9	10
11	12	13	14	15	16	17
18	19	20	21	22	23	24
25	26	27	28	29	30	31

JUNE 2014						
1	2	3	4	5	6	7
8	9	10	11	12	13	14
15	16	17	18	19	20	21
22	23	24	25	26	27	28
29	30					

JULY 2014						
		1	2	3	4	5
6	7	8	9	10	11	12
13	14	15	16	17	18	19
20	21	22	23	24	25	26
27	28	29	30	31		

MAY 2014

				1	2	3
4	5	6	7	8	9	10
11	12	13	14	15	16	17
18	19	20	21	22	23	24
25	26	27	28	29	30	31

JUNE 2014

1	2	3	4	5	6	7
8	9	10	11	12	13	14
15	16	17	18	19	20	21
22	23	24	25	26	27	28
29	30					

JULY 2014

		1	2	3	4	5
6	7	8	9	10	11	12
13	14	15	16	17	18	19
20	21	22	23	24	25	26
27	28	29	30	31		

8
SUNDAY
dim | dom

Pentecost (Whitsun)

Vaderdag/Fête des Pères (BE)

9
MONDAY
lun | lun

Pentecost Monday

Queen's Birthday (AU except WA)

10
TUESDAY
mar | mar

11
WEDNESDAY
mer | miér

12
THURSDAY
jeu | jue

Full Moon ◯ 4:11 U.T.

13
FRIDAY
ven | vier

14
SATURDAY
sam | sáb

Flag Day (US)

Queen's Official Birthday (tentative) (UK)

15
SUNDAY
dim | dom

Father's Day (US; CAN; MX; NL; UK)

16
MONDAY
lun | lun

17
TUESDAY
mar | mar

18
WEDNESDAY
mer | miér

Last Quarter ◑ 18:39 U.T.

19
THURSDAY
jeu | jue

20
FRIDAY
ven | vier

Summer begins

21
SATURDAY
sam | sáb

National Aboriginal Day/Journée
nationale des Autochtones (CAN)

©2013 Anita Peeples / Animal Photography

MAY 2014

					1	2	3
4	5	6	7	8	9	10
11	12	13	14	15	16	17
18	19	20	21	22	23	24
25	26	27	28	29	30	31

JUNE 2014

1	2	3	4	5	6	7
8	9	10	11	12	13	14
15	16	17	18	19	20	21
22	23	24	25	26	27	28
29	30					

JULY 2014

		1	2	3	4	5
6	7	8	9	10	11	12
13	14	15	16	17	18	19
20	21	22	23	24	25	26
27	28	29	30	31		

MAY 2014							**JUNE** 2014							**JULY** 2014					
			1	2	3	1	2	3	4	5	6	7		1	2	3	4	5
4	5	6	7	8	9	10	8	9	10	11	12	13	14	6	7	8	9	10	11	12
11	12	13	14	15	16	17	15	16	17	18	19	20	21	13	14	15	16	17	18	19
18	19	20	21	22	23	24	22	23	24	25	26	27	28	20	21	22	23	24	25	26
25	26	27	28	29	30	31	29	30						27	28	29	30	31		

22
SUNDAY
dim | dom

23
MONDAY
lun | lun

Discovery Day (NL-CAN)

24
TUESDAY
mar | mar

Fête nationale du Québec/
Quebec National Day/
Saint-Jean-Baptiste Day (QC-CAN)

25
WEDNESDAY
mer | miér

26
THURSDAY
jeu | jue

New Moon ● 8:08 U.T.

27
FRIDAY
ven | vier

Ramadan begins at sundown

28
SATURDAY
sam | sáb

JUNE 2014 JUIN | JUNIO

29
SUNDAY
dim | dom

30
MONDAY
lun | lun

JULY 2014 JUILLET | JULIO

1
TUESDAY
mar | mar

Canada Day/Fête du Canada (CAN)

2
WEDNESDAY
mer | miér

3
THURSDAY
jeu | jue

4
FRIDAY
ven | vier

Independence Day (US)

First Quarter ● 11:59 U.T.

5
SATURDAY
sam | sáb

WEEK 27

JUNE 2014								JULY 2014								AUGUST 2014					
1	2	3	4	5	6	7			1	2	3	4	5								1	2
8	9	10	11	12	13	14		6	7	8	9	10	11	12		3	4	5	6	7	8	9
15	16	17	18	19	20	21		13	14	15	16	17	18	19		10	11	12	13	14	15	16
22	23	24	25	26	27	28		20	21	22	23	24	25	26		17	18	19	20	21	22	23
29	30							27	28	29	30	31				24	25	26	27	28	29	30
																31						

JUNE 2014

1	2	3	4	5	6	7
8	9	10	11	12	13	14
15	16	17	18	19	20	21
22	23	24	25	26	27	28
29	30					

JULY 2014

		1	2	3	4	5
6	7	8	9	10	11	12
13	14	15	16	17	18	19
20	21	22	23	24	25	26
27	28	29	30	31		

AUGUST 2014

					1	2
3	4	5	6	7	8	9
10	11	12	13	14	15	16
17	18	19	20	21	22	23
24	25	26	27	28	29	30
31						

6
SUNDAY
dim | dom

7
MONDAY
lun | lun

8
TUESDAY
mar | mar

9
WEDNESDAY
mer | miér

Nunavut Day (NU-CAN)

10
THURSDAY
jeu | jue

11
FRIDAY
ven | vier

Feest van de Vlaamse Gemeenschap (BE)

Full Moon ⚪ 11:25 U.T.

12
SATURDAY
sam | sáb

13
SUNDAY
dim | dom

....

14
MONDAY
lun | lun

Bank Holiday (NIR)
Fête nationale de la France (FR)

....

15
TUESDAY
mar | mar

....

16
WEDNESDAY
mer | miér

....

17
THURSDAY
jeu | jue

....

18
FRIDAY
ven | vier

....

Last Quarter ◑ 2:08 U.T.

19
SATURDAY
sam | sáb

....

©2013 Lynn M. Stone

	JUNE 2014								JULY 2014							AUGUST 2014						
	1	2	3	4	5	6	7			1	2	3	4	5							1	2
	8	9	10	11	12	13	14	6	7	8	9	10	11	12		3	4	5	6	7	8	9
	15	16	17	18	19	20	21	13	14	15	16	17	18	19		10	11	12	13	14	15	16
	22	23	24	25	26	27	28	20	21	22	23	24	25	26		17	18	19	20	21	22	23
	29	30						27	28	29	30	31				24	25	26	27	28	29	30
																31						

JUNE 2014

1	2	3	4	5	6	7
8	9	10	11	12	13	14
15	16	17	18	19	20	21
22	23	24	25	26	27	28
29	30					

JULY 2014

		1	2	3	4	5
6	7	8	9	10	11	12
13	14	15	16	17	18	19
20	21	22	23	24	25	26
27	28	29	30	31		

AUGUST 2014

					1	2
3	4	5	6	7	8	9
10	11	12	13	14	15	16
17	18	19	20	21	22	23
24	25	26	27	28	29	30
31						

20
SUNDAY
dim | dom

21
MONDAY
lun | lun

Nationale feestdag/
Fête nationale de la Belgique (BE)

22
TUESDAY
mar | mar

23
WEDNESDAY
mer | miér

24
THURSDAY
jeu | jue

25
FRIDAY
ven | vier

New Moon ● 22:42 U.T.

26
SATURDAY
sam | sáb

27
SUNDAY
dim | dom

Eid al-Fitr begins at sundown

....

28
MONDAY
lun | lun

....

29
TUESDAY
mar | mar

....

30
WEDNESDAY
mer | miér

....

31
THURSDAY
jeu | jue

....

AUGUST 2014 AOÛT | AGOSTO

1
FRIDAY
ven | vier

....

2
SATURDAY
sam | sáb

....

JULY 2014							AUGUST 2014							SEPTEMBER 2014						
	1	2	3	4	5							1	2	1	2	3	4	5	6
6	7	8	9	10	11	12	3	4	5	6	7	8	9	7	8	9	10	11	12	13
13	14	15	16	17	18	19	10	11	12	13	14	15	16	14	15	16	17	18	19	20
20	21	22	23	24	25	26	17	18	19	20	21	22	23	21	22	23	24	25	26	27
27	28	29	30	31			24	25	26	27	28	29	30	28	29	30				
							31													

JULY 2014						
		1	2	3	4	5
6	7	8	9	10	11	12
13	14	15	16	17	18	19
20	21	22	23	24	25	26
27	28	29	30	31		

AUGUST 2014						
					1	2
3	4	5	6	7	8	9
10	11	12	13	14	15	16
17	18	19	20	21	22	23
24	25	26	27	28	29	30
31						

SEPTEMBER 2014						
	1	2	3	4	5	6
7	8	9	10	11	12	13
14	15	16	17	18	19	20
21	22	23	24	25	26	27
28	29	30				

3
SUNDAY
dim | dom

First Quarter ◑ 0:50 U.T.

Civic Holiday/Congé civique (CAN)
Bank Holiday (NSW-AU; IRL; SCT)
Picnic Day (NT-AU)

4
MONDAY
lun | lun

5
TUESDAY
mar | mar

6
WEDNESDAY
mer | miér

7
THURSDAY
jeu | jue

8
FRIDAY
ven | vier

9
SATURDAY
sam | sáb

Full Moon ◯ 18:09 U.T.

10
SUNDAY
dim | dom

....

11
MONDAY
lun | lun

....

12
TUESDAY
mar | mar

....

13
WEDNESDAY
mer | miér

....

14
THURSDAY
jeu | jue

....

15
FRIDAY
ven | vier

Assumption

....

16
SATURDAY
sam | sáb

....

JULY 2014						
		1	2	3	4	5
6	7	8	9	10	11	12
13	14	15	16	17	18	19
20	21	22	23	24	25	26
27	28	29	30	31		

AUGUST 2014						
					1	2
3	4	5	6	7	8	9
10	11	12	13	14	15	16
17	18	19	20	21	22	23
24	25	26	27	28	29	30
31						

SEPTEMBER 2014						
	1	2	3	4	5	6
7	8	9	10	11	12	13
14	15	16	17	18	19	20
21	22	23	24	25	26	27
28	29	30				

JULY 2014

		1	2	3	4	5
6	7	8	9	10	11	12
13	14	15	16	17	18	19
20	21	22	23	24	25	26
27	28	29	30	31		

AUGUST 2014

					1	2
3	4	5	6	7	8	9
10	11	12	13	14	15	16
17	18	19	20	21	22	23
24	25	26	27	28	29	30
31						

SEPTEMBER 2014

	1	2	3	4	5	6
7	8	9	10	11	12	13
14	15	16	17	18	19	20
21	22	23	24	25	26	27
28	29	30				

Last Quarter 🌓 12:26 U.T.

17
SUNDAY
dim | dom

18
MONDAY
lun | lun

Discovery Day (YT-CAN)

19
TUESDAY
mar | mar

20
WEDNESDAY
mer | miér

21
THURSDAY
jeu | jue

22
FRIDAY
ven | vier

23
SATURDAY
sam | sáb

AUGUST 2014 AOÛT | AGOSTO

24
SUNDAY
dim | dom

New Moon ⬤ 14:13 U.T.

25
MONDAY
lun | lun

Summer Bank Holiday (UK except SCT)

26
TUESDAY
mar | mar

27
WEDNESDAY
mer | miér

28
THURSDAY
jeu | jue

29
FRIDAY
ven | vier

30
SATURDAY
sam | sáb

JULY 2014						
	1	2	3	4	5	
6	7	8	9	10	11	12
13	14	15	16	17	18	19
20	21	22	23	24	25	26
27	28	29	30	31		

AUGUST 2014						
					1	2
3	4	5	6	7	8	9
10	11	12	13	14	15	16
17	18	19	20	21	22	23
24	25	26	27	28	29	30
31						

SEPTEMBER 2014						
	1	2	3	4	5	6
7	8	9	10	11	12	13
14	15	16	17	18	19	20
21	22	23	24	25	26	27
28	29	30				

AUGUST 2014

					1	2
3	4	5	6	7	8	9
10	11	12	13	14	15	16
17	18	19	20	21	22	23
24	25	26	27	28	29	30
31

SEPTEMBER 2014

1	2	3	4	5	6
7	8	9	10	11	12	13
14	15	16	17	18	19	20
21	22	23	24	25	26	27
28	29	30

OCTOBER 2014

			1	2	3	4
5	6	7	8	9	10	11
12	13	14	15	16	17	18
19	20	21	22	23	24	25
26	27	28	29	30	31

31
SUNDAY
dim | dom

1
MONDAY
lun | lun

Labor Day (US)
Labour Day/Fête du travail (CAN)

First Quarter ◑ 11:11 U.T.

2
TUESDAY
mar | mar

3
WEDNESDAY
mer | miér

4
THURSDAY
jeu | jue

5
FRIDAY
ven | vier

6
SATURDAY
sam | sáb

7
SUNDAY
dim | dom

Father's Day (AU; NZ)
National Grandparents Day (US)

. . . .

8
MONDAY
lun | lun

. . . .

Full Moon ◯ 1:38 U.T.

9
TUESDAY
mar | mar

. . . .

10
WEDNESDAY
mer | miér

. . . .

11
THURSDAY
jeu | jue

Patriot Day/National Day of
Service and Remembrance (US)

. . . .

12
FRIDAY
ven | vier

. . . .

13
SATURDAY
sam | sáb

. . . .

AUGUST 2014						
					1	2
3	4	5	6	7	8	9
10	11	12	13	14	15	16
17	18	19	20	21	22	23
24	25	26	27	28	29	30
31						

SEPTEMBER 2014						
1	2	3	4	5	6	
7	8	9	10	11	12	13
14	15	16	17	18	19	20
21	22	23	24	25	26	27
28	29	30				

OCTOBER 2014						
			1	2	3	4
5	6	7	8	9	10	11
12	13	14	15	16	17	18
19	20	21	22	23	24	25
26	27	28	29	30	31	

AUGUST 2014

					1	2
3	4	5	6	7	8	9
10	11	12	13	14	15	16
17	18	19	20	21	22	23
24	25	26	27	28	29	30
31						

SEPTEMBER 2014

1	2	3	4	5	6
7	8	9	10	11	12	13
14	15	16	17	18	19	20
21	22	23	24	25	26	27
28	29	30				

OCTOBER 2014

		1	2	3	4
5	6	7	8	9	10	11
12	13	14	15	16	17	18
19	20	21	22	23	24	25
26	27	28	29	30	31	

14
SUNDAY
dim | dom

15
MONDAY
lun | lun

Noche del Grito (MX)

Last Quarter ◑ 2:05 U.T.

16
TUESDAY
mar | mar

Día de la Independencia (MX)

17
WEDNESDAY
mer | miér

18
THURSDAY
jeu | jue

19
FRIDAY
ven | vier

20
SATURDAY
sam | sáb

SEPTEMBER 2014 SEPTEMBRE | SEPTIEMBRE

21
SUNDAY
dim | dom

UN International Day of Peace

22
MONDAY
lun | lun

Autumn begins

23
TUESDAY
mar | mar

New Moon ● 6:14 U.T.

24
WEDNESDAY
mer | miér

Rosh Hashanah begins at sundown

25
THURSDAY
jeu | jue

26
FRIDAY
ven | vier

27
SATURDAY
sam | sáb

Fête de la Communauté française (BE)

AUGUST 2014						
					1	2
3	4	5	6	7	8	9
10	11	12	13	14	15	16
17	18	19	20	21	22	23
24	25	26	27	28	29	30
31						

SEPTEMBER 2014						
	1	2	3	4	5	6
7	8	9	10	11	12	13
14	15	16	17	18	19	20
21	22	23	24	25	26	27
28	29	30				

OCTOBER 2014						
			1	2	3	4
5	6	7	8	9	10	11
12	13	14	15	16	17	18
19	20	21	22	23	24	25
26	27	28	29	30	31	

©2013 Martin Fry

SEPTEMBER 2014
	1	2	3	4	5	6
7	8	9	10	11	12	13
14	15	16	17	18	19	20
21	22	23	24	25	26	27
28	29	30				

OCTOBER 2014
			1	2	3	4
5	6	7	8	9	10	11
12	13	14	15	16	17	18
19	20	21	22	23	24	25
26	27	28	29	30	31	

NOVEMBER 2014
						1
2	3	4	5	6	7	8
9	10	11	12	13	14	15
16	17	18	19	20	21	22
23	24	25	26	27	28	29
30						

28
SUNDAY
dim | dom

Daylight Saving Time begins (NZ)

29
MONDAY
lun | lun

Queen's Birthday (WA-AU)
Family & Community Day (ACT-AU)

30
TUESDAY
mar | mar

OCTOBRE | OCTUBRE **OCTOBER 2014**

First Quarter 19:32 U.T.

1
WEDNESDAY
mer | miér

2
THURSDAY
jeu | jue

3
FRIDAY
ven | vier

Yom Kippur begins at sundown
Eid al-Adha begins at sundown

4
SATURDAY
sam | sáb

World Animal Day

5
SUNDAY
dim | dom

Daylight Saving Time begins
(AU except WA/QLD/NT)

6
MONDAY
lun | lun

Labour Day (ACT/NSW/QLD/SA-AU)

7
TUESDAY
mar | mar

Full Moon ◯ 10:51 U.T.

8
WEDNESDAY
mer | miér

9
THURSDAY
jeu | jue

10
FRIDAY
ven | vier

11
SATURDAY
sam | sáb

SEPTEMBER 2014	**OCTOBER** 2014	**NOVEMBER** 2014
1 2 3 4 5 6	1 2 3 4	1
7 8 9 10 11 12 13	5 6 7 8 9 10 11	2 3 4 5 6 7 8
14 15 16 17 18 19 20	12 13 14 15 16 17 18	9 10 11 12 13 14 15
21 22 23 24 25 26 27	19 20 21 22 23 24 25	16 17 18 19 20 21 22
28 29 30	26 27 28 29 30 31	23 24 25 26 27 28 29
		30

SEPTEMBER 2014

	1	2	3	4	5	6
7	8	9	10	11	12	13
14	15	16	17	18	19	20
21	22	23	24	25	26	27
28	29	30				

OCTOBER 2014

			1	2	3	4
5	6	7	8	9	10	11
12	13	14	15	16	17	18
19	20	21	22	23	24	25
26	27	28	29	30	31	

NOVEMBER 2014

						1
2	3	4	5	6	7	8
9	10	11	12	13	14	15
16	17	18	19	20	21	22
23	24	25	26	27	28	29
30						

12
SUNDAY
dim | dom

Día de la Raza (MX)

13
MONDAY
lun | lun

Columbus Day (US)
Thanksgiving Day/Action de grâce (CAN)

14
TUESDAY
mar | mar

Last Quarter ◑ 19:12 U.T.

15
WEDNESDAY
mer | miér

16
THURSDAY
jeu | jue

Boss's Day

17
FRIDAY
ven | vier

18
SATURDAY
sam | sáb

19
SUNDAY
dim | dom

20
MONDAY
lun | lun

21
TUESDAY
mar | mar

22
WEDNESDAY
mer | miér

New Moon ● 21:57 U.T.

23
THURSDAY
jeu | jue

24
FRIDAY
ven | vier

United Nations Day
Muharram begins at sundown

25
SATURDAY
sam | sáb

SEPTEMBER 2014

	1	2	3	4	5	6
7	8	9	10	11	12	13
14	15	16	17	18	19	20
21	22	23	24	25	26	27
28	29	30				

OCTOBER 2014

		1	2	3	4
5	6	7	8	9	10	11
12	13	14	15	16	17	18
19	20	21	22	23	24	25
26	27	28	29	30	31	

NOVEMBER 2014

						1
2	3	4	5	6	7	8
9	10	11	12	13	14	15
16	17	18	19	20	21	22
23	24	25	26	27	28	29
30						

OCTOBER 2014

				1	2	3	4
5	6	7	8	9	10	11
12	13	14	15	16	17	18
19	20	21	22	23	24	25
26	27	28	29	30	31

NOVEMBER 2014

						1
2	3	4	5	6	7	8
9	10	11	12	13	14	15
16	17	18	19	20	21	22
23	24	25	26	27	28	29
30

DECEMBER 2014

	1	2	3	4	5	6
7	8	9	10	11	12	13
14	15	16	17	18	19	20
21	22	23	24	25	26	27
28	29	30	31

26
SUNDAY
dim | dom

European Summer Time ends

27
MONDAY
lun | lun

Labour Day (NZ)
Public Holiday (IRL)

28
TUESDAY
mar | mar

29
WEDNESDAY
mer | miér

30
THURSDAY
jeu | jue

First Quarter ◑ 2:48 U.T.

31
FRIDAY
ven | vier

Halloween

NOVEMBRE | NOVIEMBRE **NOVEMBER 2014**

1
SATURDAY
sam | sáb

All Saints' Day

NOVEMBER 2014 NOVEMBRE | NOVIEMBRE

2
SUNDAY
dim | dom

All Souls' Day
Día de los Muertos (MX)
Ashura begins at sundown
Daylight Saving Time ends (US; CAN)

3
MONDAY
lun | lun

Recreation Day (TAS-AU)

4
TUESDAY
mar | mar

Election Day (US)
Melbourne Cup (VIC-AU)

5
WEDNESDAY
mer | miér

Guy Fawkes Day/Bonfire Night (UK)

Full Moon ◯ 22:23 U.T.

6
THURSDAY
jeu | jue

7
FRIDAY
ven | vier

8
SATURDAY
sam | sáb

WEEK 45

OCTOBER 2014

			1	2	3	4
5	6	7	8	9	10	11
12	13	14	15	16	17	18
19	20	21	22	23	24	25
26	27	28	29	30	31	

NOVEMBER 2014

						1
2	3	4	5	6	7	8
9	10	11	12	13	14	15
16	17	18	19	20	21	22
23	24	25	26	27	28	29
30						

DECEMBER 2014

	1	2	3	4	5	6
7	8	9	10	11	12	13
14	15	16	17	18	19	20
21	22	23	24	25	26	27
28	29	30	31			

OCTOBER 2014						
		1	2	3	4
5	6	7	8	9	10	11
12	13	14	15	16	17	18
19	20	21	22	23	24	25
26	27	28	29	30	31	

NOVEMBER 2014						
						1
2	3	4	5	6	7	8
9	10	11	12	13	14	15
16	17	18	19	20	21	22
23	24	25	26	27	28	29
30						

DECEMBER 2014						
	1	2	3	4	5	6
7	8	9	10	11	12	13
14	15	16	17	18	19	20
21	22	23	24	25	26	27
28	29	30	31			

9
SUNDAY
dim | dom

Remembrance Sunday (UK)

10
MONDAY
lun | lun

Veterans' Day (US)
Remembrance Day (AU; CAN)/
Jour du Souvenir (CAN)
Armistice (BE; FR)

11
TUESDAY
mar | mar

12
WEDNESDAY
mer | miér

13
THURSDAY
jeu | jue

Last Quarter ◑ 15:15 U.T.

14
FRIDAY
ven | vier

15
SATURDAY
sam | sáb

Koningsdag/Fête du Roi (BE)

16
SUNDAY
dim | dom

....

17
MONDAY
lun | lun

....

18
TUESDAY
mar | mar

....

19
WEDNESDAY
mer | miér

....

20
THURSDAY
jeu | jue

Día de la Revolución Mexicana (MX)
....

21
FRIDAY
ven | vier

....

New Moon ● 12:32 U.T.

22
SATURDAY
sam | sáb

....

©2013 Dwight Dyke

OCTOBER 2014	NOVEMBER 2014	DECEMBER 2014
1 2 3 4	1	1 2 3 4 5 6
5 6 7 8 9 10 11	2 3 4 5 6 7 8	7 8 9 10 11 12 13
12 13 14 15 16 17 18	9 10 11 12 13 14 15	14 15 16 17 18 19 20
19 20 21 22 23 24 25	16 17 18 19 20 21 22	21 22 23 24 25 26 27
26 27 28 29 30 31	23 24 25 26 27 28 29	28 29 30 31
	30	

OCTOBER 2014	NOVEMBER 2014	DECEMBER 2014
1 2 3 4	1	1 2 3 4 5 6
5 6 7 8 9 10 11	2 3 4 5 6 7 8	7 8 9 10 11 12 13
12 13 14 15 16 17 18	9 10 11 12 13 14 15	14 15 16 17 18 19 20
19 20 21 22 23 24 25	16 17 18 19 20 21 22	21 22 23 24 25 26 27
26 27 28 29 30 31	23 24 25 26 27 28 29	28 29 30 31
	30	

23
SUNDAY
dim | dom

24
MONDAY
lun | lun

25
TUESDAY
mar | mar

26
WEDNESDAY
mer | miér

27
THURSDAY
jeu | jue

Thanksgiving Day (US)

28
FRIDAY
ven | vier

First Quarter ◑ 10:06 U.T.

29
SATURDAY
sam | sáb

NOVEMBER 2014 NOVEMBRE | NOVIEMBRE

30
SUNDAY
dim | dom

Adven
St. Andrew's Day (SCT

DECEMBER 2014 DÉCEMBRE | DICIEMBRE

1
MONDAY
lun | lun

....

2
TUESDAY
mar | mar

....

3
WEDNESDAY
mer | miér

....

4
THURSDAY
jeu | jue

....

5
FRIDAY
ven | vier

Sinterklaas (NL)

Full Moon ◯ 12:27 U.T.

6
SATURDAY
sam | sáb

Sinterklaas/Saint-Nicolas (BE)

NOVEMBER 2014

						1
2	3	4	5	6	7	8
9	10	11	12	13	14	15
16	17	18	19	20	21	22
23	24	25	26	27	28	29
30						

DECEMBER 2014

1	2	3	4	5	6
7	8	9	10	11	12	13
14	15	16	17	18	19	20
21	22	23	24	25	26	27
28	29	30	31			

JANUARY 2015

				1	2	3
4	5	6	7	8	9	10
11	12	13	14	15	16	17
18	19	20	21	22	23	24
25	26	27	28	29	30	31

NOVEMBER 2014

						1
2	3	4	5	6	7	8
9	10	11	12	13	14	15
16	17	18	19	20	21	22
23	24	25	26	27	28	29
30						

DECEMBER 2014

	1	2	3	4	5	6
7	8	9	10	11	12	13
14	15	16	17	18	19	20
21	22	23	24	25	26	27
28	29	30	31			

JANUARY 2015

				1	2	3
4	5	6	7	8	9	10
11	12	13	14	15	16	17
18	19	20	21	22	23	24
25	26	27	28	29	30	31

7
SUNDAY
dim | dom

Pearl Harbor Remembrance Day (US)

8
MONDAY
lun | lun

9
TUESDAY
mar | mar

10
WEDNESDAY
mer | miér

11
THURSDAY
jeu | jue

12
FRIDAY
ven | vier

Día de la Virgen de Guadalupe (MX)

13
SATURDAY
sam | sáb

Last Quarter ◑ 12:51 U.T.

14
SUNDAY
dim | dom

15
MONDAY
lun | lun

16
TUESDAY
mar | mar

Hanukkah begins at sundown
Las Posadas begin (MX)

17
WEDNESDAY
mer | miér

18
THURSDAY
jeu | jue

19
FRIDAY
ven | vier

20
SATURDAY
sam | sáb

NOVEMBER 2014	DECEMBER 2014	JANUARY 2015
1	1 2 3 4 5 6	1 2 3
2 3 4 5 6 7 8	7 8 9 10 11 12 13	4 5 6 7 8 9 10
9 10 11 12 13 14 15	14 15 16 17 18 19 20	11 12 13 14 15 16 17
16 17 18 19 20 21 22	21 22 23 24 25 26 27	18 19 20 21 22 23 24
23 24 25 26 27 28 29	28 29 30 31	25 26 27 28 29 30 31
30		

©2013 Mark Raycroft

NOVEMBER 2014							**DECEMBER** 2014							**JANUARY** 2015						
						1	1	2	3	4	5	6					1	2	3
2	3	4	5	6	7	8	7	8	9	10	11	12	13	4	5	6	7	8	9	10
9	10	11	12	13	14	15	14	15	16	17	18	19	20	11	12	13	14	15	16	17
16	17	18	19	20	21	22	21	22	23	24	25	26	27	18	19	20	21	22	23	24
23	24	25	26	27	28	29	28	29	30	31				25	26	27	28	29	30	31
30																				

Winter begins

21
SUNDAY
dim | dom

New Moon ● 1:36 U.T.

22
MONDAY
lun | lun

23
TUESDAY
mar | mar

24
WEDNESDAY
mer | miér

Christmas Eve

25
THURSDAY
jeu | jue

Christmas Day

Kwanzaa begins
St. Stephen's Day
Boxing Day (AU; CAN; NZ; UK) /
Le lendemain de Noël (CAN)
Proclamation Day (SA-AU)

26
FRIDAY
ven | vier

27
SATURDAY
sam | sáb

DECEMBER 2014 DÉCEMBRE | DICIEMBRE

First Quarter ◑ 18:31 U.T.

28
SUNDAY
dim | dom

....

29
MONDAY
lun | lun

....

30
TUESDAY
mar | mar

....

31
WEDNESDAY
mer | miér

New Year's Eve

JANUARY 2015 JANVIER | ENERO

1
THURSDAY
jeu | jue

New Year's Day

....

2
FRIDAY
ven | vier

Day after New Year's Day (NZ; SCT)

....

3
SATURDAY
sam | sáb

....

WEEK 53

NOVEMBER 2014	DECEMBER 2014	JANUARY 2015
1	1 2 3 4 5 6	1 2 3
2 3 4 5 6 7 8	7 8 9 10 11 12 13	4 5 6 7 8 9 10
9 10 11 12 13 14 15	14 15 16 17 18 19 20	11 12 13 14 15 16 17
16 17 18 19 20 21 22	21 22 23 24 25 26 27	18 19 20 21 22 23 24
23 24 25 26 27 28 29	28 29 30 31	25 26 27 28 29 30 31
30		

JANUARY 2015	FEBRUARY 2015	MARCH 2015	APRIL 2015
1 THU	**1 SUN**	**1 SUN**	1 WED
2 FRI	2 MON	2 MON	2 THU
3 SAT	3 TUE	3 TUE	3 FRI
4 SUN	4 WED	4 WED	**4 SAT**
5 MON	5 THU	5 THU	**5 SUN**
6 TUE	6 FRI	6 FRI	6 MON
7 WED	**7 SAT**	**7 SAT**	7 TUE
8 THU	**8 SUN**	**8 SUN**	8 WED
9 FRI	9 MON	9 MON	9 THU
10 SAT	10 TUE	10 TUE	10 FRI
11 SUN	11 WED	11 WED	**11 SAT**
12 MON	12 THU	12 THU	**12 SUN**
13 TUE	13 FRI	13 FRI	13 MON
14 WED	**14 SAT**	**14 SAT**	14 TUE
15 THU	**15 SUN**	**15 SUN**	15 WED
16 FRI	16 MON	16 MON	16 THU
17 SAT	17 TUE	17 TUE	17 FRI
18 SUN	18 WED	18 WED	**18 SAT**
19 MON	19 THU	19 THU	**19 SUN**
20 TUE	20 FRI	20 FRI	20 MON
21 WED	**21 SAT**	**21 SAT**	21 TUE
22 THU	**22 SUN**	**22 SUN**	22 WED
23 FRI	23 MON	23 MON	23 THU
24 SAT	24 TUE	24 TUE	24 FRI
25 SUN	25 WED	25 WED	**25 SAT**
26 MON	26 THU	26 THU	**26 SUN**
27 TUE	27 FRI	27 FRI	27 MON
28 WED	**28 SAT**	**28 SAT**	28 TUE
29 THU		**29 SUN**	29 WED
30 FRI		30 MON	30 THU
31 SAT		31 TUE	

MAY 2015	JUNE 2015	JULY 2015	AUGUST 2015
1 FRI	1 MON	1 WED	**1 SAT**
2 SAT	2 TUE	2 THU	**2 SUN**
3 SUN	3 WED	3 FRI	3 MON
4 MON	4 THU	**4 SAT**	4 TUE
5 TUE	5 FRI	**5 SUN**	5 WED
6 WED	**6 SAT**	6 MON	6 THU
7 THU	**7 SUN**	7 TUE	7 FRI
8 FRI	8 MON	8 WED	**8 SAT**
9 SAT	9 TUE	9 THU	**9 SUN**
10 SUN	10 WED	10 FRI	10 MON
11 MON	11 THU	**11 SAT**	11 TUE
12 TUE	12 FRI	**12 SUN**	12 WED
13 WED	**13 SAT**	13 MON	13 THU
14 THU	**14 SUN**	14 TUE	14 FRI
15 FRI	15 MON	15 WED	**15 SAT**
16 SAT	16 TUE	16 THU	**16 SUN**
17 SUN	17 WED	17 FRI	17 MON
18 MON	18 THU	**18 SAT**	18 TUE
19 TUE	19 FRI	**19 SUN**	19 WED
20 WED	**20 SAT**	20 MON	20 THU
21 THU	**21 SUN**	21 TUE	21 FRI
22 FRI	22 MON	22 WED	**22 SAT**
23 SAT	23 TUE	23 THU	**23 SUN**
24 SUN	24 WED	24 FRI	24 MON
25 MON	25 THU	**25 SAT**	25 TUE
26 TUE	26 FRI	**26 SUN**	26 WED
27 WED	**27 SAT**	27 MON	27 THU
28 THU	**28 SUN**	28 TUE	28 FRI
29 FRI	29 MON	29 WED	**29 SAT**
30 SAT	30 TUE	30 THU	**30 SUN**
31 SUN		31 FRI	31 MON

SEPTEMBER 2015	OCTOBER 2015	NOVEMBER 2015	DECEMBER 2015
1 TUE	1 THU	**1 SUN**	1 TUE
2 WED	2 FRI	2 MON	2 WED
3 THU	**3 SAT**	3 TUE	3 THU
4 FRI	**4 SUN**	4 WED	4 FRI
5 SAT	5 MON	5 THU	**5 SAT**
6 SUN	6 TUE	6 FRI	**6 SUN**
7 MON	7 WED	**7 SAT**	7 MON
8 TUE	8 THU	**8 SUN**	8 TUE
9 WED	9 FRI	9 MON	9 WED
10 THU	**10 SAT**	10 TUE	10 THU
11 FRI	**11 SUN**	11 WED	11 FRI
12 SAT	12 MON	12 THU	**12 SAT**
13 SUN	13 TUE	13 FRI	**13 SUN**
14 MON	14 WED	**14 SAT**	14 MON
15 TUE	15 THU	**15 SUN**	15 TUE
16 WED	16 FRI	16 MON	16 WED
17 THU	**17 SAT**	17 TUE	17 THU
18 FRI	**18 SUN**	18 WED	18 FRI
19 SAT	19 MON	19 THU	**19 SAT**
20 SUN	20 TUE	20 FRI	**20 SUN**
21 MON	21 WED	**21 SAT**	21 MON
22 TUE	22 THU	**22 SUN**	22 TUE
23 WED	23 FRI	23 MON	23 WED
24 THU	**24 SAT**	24 TUE	24 THU
25 FRI	**25 SUN**	25 WED	25 FRI
26 SAT	26 MON	26 THU	**26 SAT**
27 SUN	27 TUE	27 FRI	**27 SUN**
28 MON	28 WED	**28 SAT**	28 MON
29 TUE	29 THU	**29 SUN**	29 TUE
30 WED	30 FRI	30 MON	30 WED
	31 SAT		31 THU

NOTES

NOTES

NOTES

NOTES

NOTES

NOTES